AF249728

LE RETOUR DE ROME

LE

RETOUR DE ROME

PARIS

E. DENTU, LIBRAIRE-ÉDITEUR

GALERIE D'ORLÉANS, 13 ET 17, PALAIS ROYAL

1862

LE

RETOUR DE ROME

Le Saint-Père a eu son festin.

De tous les coins de la terre, les princes et les grands de son empire sont accourus à son appel. Une cour plénière de l'Épiscopat, sans précédent dans les annales de l'Église, a pu se réunir à l'aide des plus récentes merveilles de cette civilisation moderne dont elle était si pressée de médire, et le faste des jours antiques rehaussait la magnificence du spectacle; mais les cris d'allégresse s'y faisaient à peine entendre, parmi les plaintes amères que le souverain Pontife exhalait aux oreilles de ses convives.

C'était une fête solennelle; la fête des bienheureux nouvellement élevés sur les autels; peut-être aussi la fête funèbre d'une grandeur qui s'éteint.

Mais parmi les hôtes rassemblés de tant de pays, voisins ou lointains, il ne s'est pas trouvé un Daniel pour expliquer ces mots, tracés non sur le mur, mais assurément sur le cœur des invités, — Patience, Charité, Reconnaissance.

Nul doute que, par cette démonstration, la question romaine a fait un pas. Il faut bien qu'elle avance vers une solution; elle ne peut pas être comme la Ville, éternelle. La société et l'Église en souffrent trop cruellement pour qu'elle ne soit pas résolue, et résolue bientôt.

Nous en convenons, — elle a fait un pas. Mais en quel sens?

Un petit nombre d'enthousiastes se flatte que c'est un pas vers le triomphe du Saint-Siége; le monde en général, le monde indifférent, n'y voit qu'un pas vers l'abîme. Nous ne prétendons pas décider lequel a raison.

Nous n'allons pas discuter ici la question de droit, elle ne peut même être révoquée en doute. S'il existe au monde un droit autre que celui du plus fort, le droit du Pape à la souveraineté de Rome est le moins contestable. Entre lui et l'Italie, cette nouvelle expression politique, il ne peut pas y avoir deux opinions judiciaires.

Que Turin, Florence et Naples se jalousent! Ce n'est pas une raison pour jeter Rome au nouveau cerbère. Au moins, ce serait la première fois que le droit public eût reconnu la convoitise comme titre valable.

Rome n'a jamais été la capitale de l'Italie. Elle en a été la maîtresse, maîtresse toujours absolue, et souvent cruelle. L'Italie comme le reste du monde ancien, a appartenu à Rome ; jamais Rome n'a appartenu, en quelque sens que ce soit, à l'Italie. Celle-ci ne formait que quelques-unes des provinces soumises à cette ville, que ses magistrats, encore aujourd'hui, se plaisent à appeler *la Dominante*.

Par ce fait même, le droit prétendu de la nouvelle Italie politique est écarté. Mais le droit des Papes, le droit de l'Église universelle, repose sur de toutes autres bases.

Montons sur cette colline isolée, sur laquelle s'élève une chapelle dédiée à saint Louis. D'un côté se voient les lignes d'un port desséché ; tout autour s'étend un désert inculte, avec quelques pans de vieux murs. C'est tout ce qui reste de Carthage.

Consultons l'histoire. Gibbon, auteur peu suspect, nous fait voir, dans ses pages brillantes, Rome condamnée par Attila et sauvée par saint Léon le Grand ; Rome prise et saccagée par Totila, et réduite à quelques centaines d'habitants.

Ce n'était plus qu'un nom. Sans les Papes ce nom même eût été oublié, comme l'a été celui de Carthage. Tout au plus, l'ancienne reine du monde serait connue comme le Champ des Vaches ou le Colisée.

S'il en a été autrement, c'est que le siége de Pierre, ce siége principal, y attirait les pas des fidèles de l'Occident et de l'Orient, qui lui tournaient leurs regards attendris, comme vers une patrie commune.

La papauté a donc pour elle plus que le droit de possession, elle a celui qui découle de la création.

Nous allons plus loin. Nous affirmons qu'avec un régime aussi doux et autant en rapport avec l'esprit du jour que dans les temps passés, les habitants de Rome ne seraient pas seulement contents, ils seraient heureux. Ce n'est plus le peuple conquérant de l'antiquité, mais c'est toujours le peuple avide de pain et de plaisirs, — le peuple voué à la paresse, — des jours de la décadence.

Dans ses beaux jours, Rome n'a subsisté qu'aux dépens des peuples qu'elle avait conquis. La Grèce lui fournissait ses chefs-d'œuvre d'art, sa philosophie, sa littérature; l'Égypte et la Syrie, leurs superstitions; l'Afrique, ses amples moissons. Les trésors de l'Inde et de la Chine lointaine brillaient dans ses marchés à côté des parfums de l'Arabie, et même la Gaule guerrière et la pauvre Bretagne lui apportaient leur tribut d'esclaves. Comme le Turc d'aujourd'hui, le Romain d'autrefois se vantait de commander, — il n'a jamais su produire.

Il n'existe plus de Romains, mais leurs successeurs dans cette ville imitent de leur mieux l'exemple des anciens. *Olim armis, nunc artibus.* Rome papale s'alimente par les tributs de ses sujets spirituels. Ce sont eux qui ont érigé ses églises et ses palais, ce sont eux qui ont payé les chefs-d'œuvre dont elle s'enorgueillit, c'est avec leurs dépouilles que ses princes sont riches, et c'est encore à eux que la plus pauvre de ses familles doit son pain journalier.

Croit-on, — peut-on croire, — que les habitants

de cette ville veulent éloigner de leurs murs, la source de tant de bienfaits? Enfants de cette Italie, où le *dolce far niente* est le bien suprême, il se peut qu'ils aspirent à une existence plus bruyante, mais c'est à la condition de se conserver les grasses offrandes qu'ils se partagent. Ils comptent peut-être y trouver une nouvelle source de richesses, mais ils n'en voudraient qu'autant qu'ils pourraient garder l'ancienne.

Et en effet, la grande majorité des habitants de Rome serait favorable au maintien de la souveraineté du pape, si seulement elle leur pesait moins lourdement que dans les dernières années. La classe des mécontents se recrute presque exclusivement dans ce qui s'appelle le *mezzo ceto*, classe bruyante mais peu nombreuse. Elle se compose de quelques nobles ruinés, d'avocats et de médecins, plus riches en paroles qu'en œuvres.

Mais c'est précisément une telle minorité qui est à craindre dans les temps de trouble. Elle s'agite, elle attaque, et les assaillants ont toujours l'avantage. L'audace leur tient lieu de nombre, l'irrésolution de ceux qui ont quelque chose à perdre leur prête courage, et la crainte des lois violées leur inspire la discipline.

Il ne faut pas juger la population de Rome par les scènes d'ivresse, qui ont fait des années 1847 et 1848 un long carnaval. Pie IX avait attiré dans ses murs, alors, les proscrits et les mécontents de tous les pays. La population indigène était débordée par une foule qui changeait l'autel en tribune, et se servait des saints mystères pour couvrir ses desseins révolutionnaires.

Si le Saint-Père est revenu depuis longtemps de ses premiers égarements politiques, il s'est jeté dans un excès contraire. Il ne s'est pas seulement arrêté, il a reculé. Sourd aux instances réitérées non de la France seulement, mais de toute l'Europe, il s'est refusé obstinément à donner à ses sujets, nous ne disons pas un régime, mais seulement un code moins en contradiction avec les nécessités du jour. La police mal faite n'en est que plus vexatoire, la procédure criminelle est toujours secrète, la procédure civile est plus que jamais vénale. Les lois sont basées sur l'inégalité des conditions; les priviléges, enfantés par la tyrannie, y existent toujours. Ce sont là les vieilles loques que le Pape prétend conserver sous sa chappe; c'est pour ce despotisme caduc qu'il cherche une nouvelle consécration dans les suffrages des églises, et dans l'appui d'un prince qu'il ne daigne pas même remercier des sacrifices qu'il lui a faits.

Mais pour garder un sceptre il faut savoir le tenir soi-même. Moïse se faisait soutenir les bras par Aaron ; mais si la lutte eût continué, Aaron aussi aurait défailli à la longue.

Un pouvoir fondé sur l'opinion ne saurait la braver avec impunité.

Nulle protection ne peut remplacer le prestige perdu.

Un grand nombre de prélats et d'ecclésiastiques français ont pu juger par eux-mêmes de la valeur du régime qu'ils ont été invités à appuyer. Séduits par la vénération que leur inspire la chaire de Saint-Pierre, ils n'ont pas osé discuter ni sur le fond ni sur la forme de la déclaration qu'ils ont signée. Cependant il est permis de croire que leur pèlerinage n'aura pas été infructueux. S'il n'a pas réussi à détourner un danger qui n'est que trop évident, il a pu appeler leur attention sur un autre qu'ils ne faisaient peut-être que soupçonner. Le contact de la Curie romaine a dû leur apprendre qu'une fois les principes de l'absolutisme solidement établis dans l'ordre civil, on est tout prêt à en étendre l'application à l'Église elle-même.

La position des prélats est difficile. Ils sont également menacés, quel que soit le résultat de la lutte qui s'est engagée maintenant. Le Pape, vainqueur dans la querelle avec son peuple, poursuivra son triomphe jusque dans le sanctuaire ; le Pape, vaincu et fugitif, voudra compenser la perte de son pouvoir temporel par des conquêtes dans le domaine spirituel.

L'Église est un royaume constitutionnel. Son bon régime n'est dû, comme dans tous les gouvernements limités, qu'à la rivalité constante entre la tête et les autres membres du corps politique, — rivalité bienfaisante, — mère de la liberté et de la vraie concorde. Dans cette lutte, et surtout dans les derniers temps, le patrimoine temporel des Papes a joué un rôle important. C'est par ce côté qu'ils touchent à la terre, c'est par ce côté qu'on leur a fait sentir que l'homme est un être mixte, dont le corps réclame des soins non moins que l'âme. Les princes n'ont exercé leur influence salutaire, sur le Saint-Siége, que par le fait que les Papes étaient eux-mêmes princes temporels, et que chaque église possédait des bien temporels. Dès que l'Église de Rome est sortie des catacombes, les Papes ont joui de grands biens, mais à titre seulement de propriétaires. Au moment où le morcellement de l'empire romain créait plusieurs États indépendants, nous les voyons ceindre une couronne. Mais cette couronne, si elle entrait dans les desseins de la Providence, leur fut décernée par l'amour d'un peuple reconnaissant.

Si les possessions temporelles des Papes ont servi de frein à leurs prétentions, cette même qualité de prince temporel les a protégés, et avec eux, l'Église, contre les empiétements du pouvoir civil.

C'est dans la tempête que l'arbre de l'Église fut planté, c'est dans les orages qu'il a grandi. Toujours vivace, ses racines ont embrassé toute la terre, et sa cime s'élève toujours fière et pleine de fruits, comme dans les temps de sa jeunesse. L'autorité n'a pas succombé dans les luttes qu'elle a soutenues, et grâce à elles, la liberté, dont saint Augustin se vante, est restée sauve.

Un Code de lois, le *jus canonicum*, régit l'Église. Il définit les droits et les devoirs de chacun. C'est par ses prescriptions que le prélat gouverne, c'est sous son égide que le curé de campagne travaille au salut des âmes.

Mais on sait avec quelle patience persévérante la Curie romaine, guette toutes les occasions d'échapper à ce contrôle. Plus de la moitié du monde lui est déjà livrée par l'institution de la Propagande, espèce de comité de salut public au profit de l'absolutisme papal. Que les liens entre les princes et le souverain Pontife soient brisés, le reste de l'ouvrage sera fait, et les Églises nationales se trouveront à la merci d'une politique qui croit trouver l'unité dans une uniformité de servitude.

Était-ce là le but qu'on se proposait en entreprenant ce grand pèlerinage à Rome ? Nous ne le pensons pas.

Vous, Monsieur le curé, voulez-vous être réduit au régime despotique du bon plaisir ? Vous plairait-il de vous voir expulsé un beau jour, après vingt ans de services, de l'église que vous aviez rebâtie, du modeste presbytère où vous avez passé tant de jours paisibles et utiles ?

Et vous, Monseigneur, dont le cœur embrasé de charité s'exprime quelquefois avec une langue de feu, aimeriez-vous recevoir un décret de destitution pour avoir blessé les susceptibilités, peut-être exagérées, de quelque confrère plus favorisé que vous en cour de Rome?

Cependant c'est vers cette fin que vous avez travaillé. Vous méconnaissez la protection très-réelle que vous accorde l'État, pour élever à ses frais une tyrannie dont vous serez les premières victimes.

Tournez vos yeux vers une nation voisine, et voyez quelle serait bientôt votre propre position. Là, dans ce pays si fier de ses libertés, il y a une race d'esclaves, esclaves volontaires si vous voulez, mais esclaves non d'une règle monastique, mais bien du césarisme pontifical.

Là, pas de droit canon, pas de surveillance, mais aussi pas de protection de l'État. La Curie y est libre d'agir à sa façon, plus libre qu'à Rome même.

On laisse, il est vrai, aux évêques la main haute sur le clergé inférieur, et ils se donnent le plaisir d'en user largement. Il s'ensuit que dans cette petite Église de quelques centaines de cures, il y a plus de scandales dans une année que dans l'Église française en cinq ans. Ce n'est pas que le clergé soit plus immoral qu'ailleurs; il n'y en a pas au monde de plus exemplaire. Mais là où rien n'est fixe, l'ambition peut tout convoiter. La sainte ambition qui désire se

produire au grand jour pour l'édification du prochain, la charité qui craint de cacher sa chandelle sous le boisseau, trouvent maintes voies détournées pour se frayer un chemin. De là mille petites jalousies, mille délations, souvent trop facilement accueillies La moindre velléité d'indépendance attire les colères ; résister au zèle, quelquefois peu éclairé d'une congrégation religieuse, amène une destitution. Mais si les prélats marchent la tête haute parmi les rangs courbés de leur clergé, c'est à condition de s'incliner bien bas eux-mêmes devant le favori du Vatican. Ce qu'ils peuvent avec leur clergé, ce dernier l'osera à son tour avec eux.

Si on nous accusait de mensonge, tout au moins de jugement téméraire, il suffirait de quelques anecdotes pour nous faire absoudre de l'accusation. Nous pourrions faire voir le cardinal Wiseman renvoyant son coadjuteur végéter dans une cabane sur la côte d'Irlande, et le Pape en personne confirmant cette destitution. L'archevêque, autrefois évêque de Plymouth, refusait de se soumettre sans jugement canonique, en prétextant que critiquer le luxe et la vie dépensière d'un prélat qui gaspillait les biens de l'Église n'était une faute ni contre la foi ni contre les bonnes mœurs. Pie IX a coupé court à ces hésitations. « Si vous ne voulez pas donner votre démission, moi je vous la donne. » Ce sont les propres paroles de Sa Sainteté elle-même, en réponse aux protestations du coadjuteur. Nous pourrions également raconter la mort, dans un hôpital de Londres, d'un prêtre irlandais qui avait renoncé à une cure dans son pays pour se dédier à la mission catholique en Angleterre. Sa santé, moins forte que son zèle, a fléchi sous ses travaux charitables, et il a dû en chercher le rétablissement dans le repos et un climat plus sain. De retour, après une courte absence, il n'a plus trouvé de place ni pour travailler ni pour vivre, quoique muni des meilleures lettres de l'évêque sous lequel il avait servi. En vain il a frappé à toutes les portes pour rentrer dans ses fonctions, les deux prélats de Londres ont été sourds à ses prières, et il est mort de misère et de chagrin dans l'hôpital de Midlesex. Le médecin protestant, auquel on avait conté son histoire, et qui lui prodiguait les soins les plus affectueux, s'est montré justement indigné de l'abandon total de la part du clergé de sa religion, dans lequel il est mort. On serait presque tenté de croire à l'antipathie traditionnelle de l'Anglais pour tout ce qui est irlandais ; mais au moins, cette fois, l'Angleterre n'est pas coupable, car les deux prélats

qui lui ont refusé tout secours en dernier lieu, le
cardinal Wiseman et l'évêque de Southwark, sont
eux-mêmes Irlandais. De combien d'existences bri-
sées, d'esprits sensibles réduits au désespoir par le
despotisme ecclésiastique, ne pourrions-nous. raconter les angoisses ! Mais ici n'est pas l'occasion de
s'étendre sur un sujet aussi pénible à l'âme chré-
tienne. Il nous suffit d'avoir indiqué en quelques
mots la position d'une Église livrée aux saints ca-
prices de ses premiers pasteurs. La vie du clergé est
une vie d'abnégation, mais elle est déjà assez dure
sans que ses propres chefs viennent ajouter à ses
souffrances. Et encore, si cette nouvelle croix, cette
crux de cruce, pouvait profiter au prochain, sans doute
on l'embrasserait avec joie ! Mais il ne faut pas une
profonde connaissance de la nature humaine pour
savoir que les cabales de sacristie ne tournent guère
à l'édification des croyants.

En appelant l'attention sur les suites nécessaires
d'une politique qui se dessine de jour en jour plus
nettement, nous ne prétendons pas blâmer le Souverain Pontife pour les faits isolés que nous signalons.
Comme tout prince, il ne peut voir ni entendre que
par les yeux et les oreilles de son entourage, et l'en-

tourage d'un prince faible est toujours composé
d'intrigants et de soldats de fortune, quel que soit
l'uniforme qu'ils revêtent.

Laissez donc faire à la camarilla du Vatican; don-
nez à la souveraineté absolue du Pape une nouvelle
consécration d'autant plus éclatante qu'elle sera due
cette fois, non à la faiblesse qui se fait respecter,
mais à l'obstination qu'on n'ose violenter ; érigez en
dogme, au profit du Saint-Siége, ce droit divin que le
protestantisme a inventé et que les Papes ont toujours
combattu, et l'on verra bientôt le pontife s'arroger
dans les affaires des Églises nationales cette même
autorité absolue qu'il aura fait valoir dans le temporel. Depuis l'époque de saint Ignace, la cour romaine s'enorgueillit de posséder une école de théolo-
giens qui proclame ces principes, principes qui ont
déjà porté leur fruit, quoique vivement combattus à
Rome même. Si jamais ils sont reçus, il s'ensuivra
ou que l'Église sera asservie à cette Curie romaine,
moins connue par ses lumières que par son talent
d'intrigue, et la liberté se verra alors chassée de son
plus ancien asile ; ou bien un schisme éclatera, et
ses conséquences ne seront pas moins funestes à la
civilisation qu'à la religion.

D'un côté, il nous paraît établi que la bonne politique, non moins que le bon droit, plaide pour le maintien de la souveraineté temporelle du Saint-Siége. Mais, de l'autre côté, l'Europe n'a pas le droit de condamner les habitants d'un territoire, quelque restreint qu'il soit, à un état d'ilotisme aussi contraire à l'esprit de l'Église qu'à celui du siècle.

On se demandera de quelle façon on pourra s'y prendre pour soutenir la souveraineté papale, et pour alléger en même temps le fardeau de son peuple.

Avec Pie IX il n'y a pas d'accommodement. Il a constamment refusé les offres, comme il a été sourd aux conseils, de l'empereur Napoléon, — conseils et offres dictés non moins par les devoirs du grand héritage qu'il a recueilli que par sa piété personnelle. Le Pape sait ou doit savoir combien est sincère le sentiment religieux qui anime ce prince, et il doit savoir également que ce qu'il lui a offert, aucun autre monarque ne pourrait le lui donner. Ni sa dignité personnelle ni les convenances politiques ne permettent à l'Empereur de prolonger à l'infini une protection dont on refuse de profiter pour assurer l'avenir. Il en coûtera sans doute à ce prince de renoncer à la tâche qu'il s'était imposée ; il en coûtera à l'amour-propre de la France, qui s'est toujours honorée d'être l'avoué du Saint-Siége. Mais personne n'est tenu à l'impossible, et s'il est impossible de faire entendre raison au Saint-Père, il est encore plus impossible de ramener sous son joug le peuple qui l'a secoué. Un Pape a déjà prononcé un jugement solennel dans cette controverse, quand Grégoire XVI a déclaré qu'il était du devoir du Saint-Siége de reconnaître tout gouvernement établi de fait. Quant au serment de rien céder des États de l'Église, on ne peut le regarder que comme un faux-fuyant, car il n'a d'autre signification de la part du Pape que l'engagement de ne pas aliéner au profit de sa famille les biens qu'il possède comme chef de l'Église. Évidemment, on n'avait pas prévu le cas de force majeure qui se présente. Ce qu'un Pape a pu faire, un autre le pourra, et Pie VII, pontife non moins intrépide que prince éclairé, s'est bien soumis à une pareille nécessité.

Après tout, le Saint-Père n'est, comme il le dit lui-même, que le fiduciaire de ses successeurs, ou plutôt de l'Église qu'il préside. C'est l'Église qui lui a imposé ce serment, l'Église peut donc l'en relever. Mais à cet effet il faudrait convoquer un concile général, proposition plus que suspecte à Rome, et à laquelle Pie IX ne voudrait jamais condescendre.

Sommes-nous donc dans un impasse qui ne laisse aucun espoir d'en sortir? Nous sommes loin de le croire, et nous allons indiquer un moyen qui pourrait concilier tous les intérêts pour lesquels nous plaidons.

Quand nous voyons un couteau aux mains d'un enfant, nous frémissons plus que si un bandit de Terracine le brandissait. C'est pour l'enfant qu'on tremble. Que fait-on? On lui saisit le poignet et on le désarme doucement.

Les vieillards sont des enfants au second degré. Pie IX est l'enfant gâté de l'Europe, et comme tel il faut le traiter dans son propre intérêt. Il a déjà assez perdu du dépôt qui lui était confié. Qu'on ne le laisse pas dans ses vieux jours achever la ruine de ses héritiers.

Que les princes catholiques de l'Europe prennent sur eux sa tutelle; il y a trop longtemps qu'elle pèse uniquement sur la France et sur son souverain. La gloire du devoir rempli leur suffira à tous deux au lieu de reconnaissance, et tôt ou tard il faut qu'ils renoncent à une tâche ingrate. Mais le sentiment du devoir est longanime, et tout en retirant ses troupes, l'Empereur pourra encore protéger l'Église. Au moyen d'un accord entre les puissances catholiques, on pourra tirer un cordon diplomatique autour de ce qui reste des États pontificaux, dont on confiera la garde, sous peine non d'excommunication, mais d'une guerre contre tous, à Victor-Emmanuel, qui a montré que, n'ayant rien à gagner à faire l'aveugle, il savait parfaitement restreindre le brigandage de ses amis. Un cordon militaire, couvrant la petite frontière actuelle des possessions papales, ne serait pas un prix excessif à payer pour tout ce qu'il a reçu ou s'est approprié, en Italie.

Rome est le seul centre d'une population un peu forte dans le patrimoine de Saint-Pierre. La grande majorité de ses 170,000 habitants est favorable, comme nous l'avons dit, à la papauté royale par laquelle ils existent. Le belliqueux monsignore de Mérode n'a pas été soldat en Afrique pour rien. Il aura facilement raison du peu de mécontents qui lui resteront, une fois que les excitations du dehors viendront à leur manquer.

Que les rois donc se concertent entre eux, faute du concile que le pape refuserait de convoquer ; qu'ils émettent leur décret sur l'inviolabilité du patrimoine ; le Saint-Père protestera, comme il en a l'habitude ; la Sardaigne, l'Italie, se soumettront, et tout sera dit. Tant que durera le pontificat de Pie IX, — et nous lui augurons un règne au delà de celui de saint Pierre, — les choses iront comme elles peuvent ; quand il faudra lui nommer un successeur, nous nous fions à la sagesse séculaire du Sacré-Collége pour le choix d'un pontife qui comprendra les besoins de son temps et qui saura rendre ses sujets heureux.

Il serait juste de porter à la charge des légations libérées la dette romaine, dont l'origine ne remonte qu'aux troubles suscités dans la Romagne et les Marches par les carbonari. Cette dette fut contractée sur la foi des revenus de tous les États pontificaux. Les trois quarts en sont maintenant perdus, et la dette, quelque légère qu'elle soit, pèserait trop lourdement sur le trésor romain.

Par un semblable arrangement, tous les intérêts seraient sauvegardés. Le plus ou le moins d'étendue que peut avoir le territoire de l'Église ne fait rien au principe qu'on invoque pour sa conservation. Le Pape sera aussi indépendant dans un territoire ainsi restreint, mais garanti par les puissances catholiques

et une bonne administration, qu'il l'a été jusqu'ici.
Dans les plus beaux jours de la papauté, ses États
ne dépassaient pas les limites actuelles. Les légations, en grande partie acquises par des moyens peu
dignes des vicaires de Jésus-Christ, n'ont jamais été
qu'une cause d'embarras. En reportant ses souvenirs
au temps de sa jeunesse, le Saint-Père lui même se
souviendra que c'est là que se couvaient tous les
troubles qui ont agité les pays soumis au Pape. C'est
là qu'était le foyer des mécontents de toute l'Italie,
et à défaut de la police romaine, qui est assez
mal faite, il pourrait recevoir la preuve de ce que
nous avançons de l'Autriche, dont les archives ren-
ferment une longue liste des affiliés des sociétés se-
crètes qui y sont établies.

Il resterait encore au Saint-Siége, dans ces limites
ainsi resserrées, un champ assez vaste pour démon-
trer que l'Église n'a rien perdu de cette vitalité créa-
trice qui, s'emparant du bien partout où elle l'a trouvé,
a su soumettre l'altière indépendance des barbares
aux lois de la civilisation antique, et relever celle-ci
par l'infusion d'un principe nouveau. L'Église n'a
jamais été ennemie d'une sage liberté; elle a
au contraire provoqué et encouragé toutes les
aspirations des peuples vers l'émancipation. Aussi

voyons-nous toutes les tyrannies s'attaquer d'abord
à l'Église avant de s'aventurer contre les franchises
populaires. Rien de ce qui touche l'humanité ne lui
est étranger, et elle n'a jamais reculé devant aucune
tâche.

Il y avait un temps où de toutes les parties de
l'Europe arrivaient au trône pontifical les plaintes
des opprimés, sûrs d'y trouver un appui et souvent
le redressement de leurs griefs. Qu'il ne soit pas dit
qu'au dix-neuvième siècle les seuls rois dont il faut
désespérer, les seuls qui restent sourds aux plaintes
de leurs sujets, sont les deux qui combinent les
puissances temporelle et spirituelle, le pape et le
sultan.

Cette idée de restreindre le domaine temporel du
Saint-Siége sans le supprimer entièrement, est moins
nouvelle qu'on ne le croit. Déjà avant le retour de
Pie IX de Portici, dans l'hiver de 1850, feu le cardinal Lambruschini avait reçu un mémoire dans lequel
on lui proposait l'abandon des légations, qu'on aurait
érigées en vicariat en faveur du duc de Lucques ou
d'un autre prince italien. On y démontrait les avan-
tages d'un territoire restreint, libre de dettes, et li-
béré des seules classes dangereuses, le *mezzo ceto* et

cette petite noblesse des provinces qui a fait tant de mal au Saint-Siége. On y faisait voir qu'en renonçant aux provinces dont le gouvernement entraînait beaucoup plus que leur proportion des dépenses de l'administration, en introduisant des réformes douanières et une stricte économie dans le service public, il resterait à l'État ainsi réduit un revenu au delà de ses besoins. C'était au moment où le bruit s'était répandu que Son Éminence revenait à Rome comme secrétaire d'État. Nous savons qu'elle a exprimé à l'auteur son approbation sur la plupart des idées émises dans son mémoire, tout en lui faisant remarquer les difficultés que l'établissement d'un vaste port franc, tel qu'il le proposait, au centre de l'Italie, pourrait faire surgir avec les puissances limitrophes. Ce mémoire, avec quelques annotations de la main même du cardinal, a dû être retrouvé parmi ses papiers.

Les événements récents ont fait naître dans l'esprit des diplomates cette même idée que le bouleversement du gouvernement depuis la mort de Grégoire XVI avait inspirée. Le Saint-Père s'y refuse, mais en traitant avec la cour de Rome, il ne faut jamais perdre de vue la règle inviolable de sa politique séculaire, qui est de tout refuser quand

il s'agit de céder, sauf à s'arranger plus tard
de manière à tirer à son profit le meilleur parti pos-
sible des faits accomplis. Cependant nous ne con-
fondons pas l'Église romaine qui dure, avec la Cour
qui change à chaque règne. L'Église n'est responsable
ni des actes d'Alexandre VI (grand roi et moins
mauvais pontife qu'on ne le croit généralement), ni
du sybaritisme de Léon X, ni des faiblesses d'autres
Papes, qui ont rempli plus ou moins dignement la
chaire de Saint-Pierre. Les Papes sont après tout des
hommes, et nous qui croyons à la grandeur de leur
mission, nous admirons cette Providence qui a rendu
l'Église forte par la faiblesse même de ceux qui l'ont
gouvernée. A lire leur histoire on dirait que l'ambition, le plus noble des vices, fut la faiblesse qui
leur était permise. Tous furent ambitieux, mais
grâce aux contrepoids que cette même Providence a
mis dans la balance, l'ambition des Papes, au lieu
de nuire à la société et à l'Église, leur a justement
toujours été favorable. Il y a tel Pape dont l'ambition
a assuré l'indépendance de l'Église, il y a tel autre
dont l'humiliation a été son vrai triomphe. Ainsi les
États du Pape lui pesaient par leur trop d'étendue,
et voilà que la Providence a suscité un Pie IX qui,
en voulant se rendre l'arbitre de l'Italie entière, n'a

fait qu'évoquer l'orage qui a réduit ses États à des limites plus en rapport avec ses forces et ses doubles besoins de souverain et de pontife.

Nous ne pouvons donc en vouloir à l'aimable vieillard, dont l'ambition, plutôt vaniteuse que réelle, est cause de tant d'embarras, mais nous ne devons pas non plus lui en permettre la jouissance trop prolongée, aux dépens du monde entier. Inutile ici d'employer les finesses de la diplomatie; la Cour romaine en sait plus long que toutes les chancelleries de l'Europe. Ni l'éloquence ni la raison ne prévalent contre un *non possumus* réitéré.

Agissez donc sans phrases. Le Saint-Siége se soumettra, et le monde chrétien vous rendra grâce.

Paris. — Imp. FÉLIX MALTESTE et Cie, rue des Deux-Portes-Saint-Sauveur, 22.